LETTRE

SUR LE CHOLÉRA

———

CORBEIL, typographie de CRÉTÉ.

LETTRE

SUR

LE CHOLÉRA

ADRESSÉE AU DOCTEUR NUNEZ

PAR

LE DOCTEUR J. PERRY

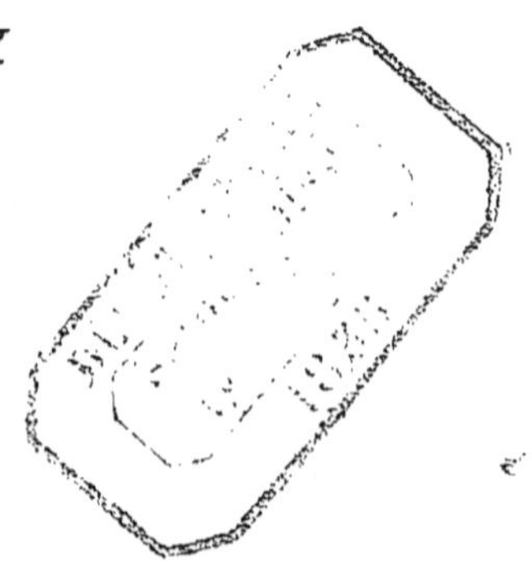

A PARIS

CHEZ J. B. BAILLIÈRE,

LIBRAIRE DE L'ACADÉMIE IMPÉRIALE DE MÉDECINE,

RUE HAUTEFEUILLE, 19.

A LONDRES, CHEZ H. BAILLIÈRE, 219, REGENT-STREET.

A NEW-YORK, CHEZ H. BAILLIÈRE, 290, BROADWAY.

A MADRID, CHEZ BAILLY-BAILLIÈRE, CALLE DEL PRINCIPE, 11.

1855

AVANT-PROPOS

Si quelques-uns des conseils que renferme çette lettre paraissent s'écarter des règles considérées jusqu'ici comme fondamentales en homœopathie, ce serait néanmoins en méconnaître la véritable portée que d'y voir un abandon de nos saines doctrines.

Pour ce qui est de l'emploi des doses massives, sans m'arrêter aux considérations qui se peuvent tirer ici de la nature de la maladie, de sa marche rapide, de l'impuissance trop fréquente des doses atténuées, et n'envisageant la question que d'une manière générale, je rappellerai que l'emploi des doses massives fut le point de départ de Hahnemann et pour la démonstration de la loi des semblables, et pour les premières applications qu'il fit de cette loi, et enfin pour une bonne partie des expérimentations qui ont servi à former sa matière médicale pure. L'admirable découverte de la dynamisation des médicaments constitue assurément un progrès immense qui restera désormais acquis à la thérapeutique, mais elle n'entraîne pas avec elle la nécessité d'exclure à jamais les médicaments à l'état naturel. Ce serait méconnaître les services qu'ils ont rendus à l'homœopathie, et se priver gratuitement de ceux qu'ils peuvent, qu'ils doivent lui rendre encore.

Que, séduits par les effets merveilleux et si ridiculement contestés des atténuations infinitésimales, nous ayons porté toute notre attention, tous nos efforts dans le sens de cette découverte, et cherché dans cette voie le dernier mot de la thérapeutique, c'était la marche naturelle à l'esprit humain. Mais, après nous être avancés jusqu'aux plus extrêmes limites de l'atténuation, n'ayant apparemment plus rien à conquérir de ce côté, nous devons faire un retour vers le point de départ, et examiner sans prévention la part qu'il convient de faire à leur tour aux médicaments non dynamisés. Il y a déjà une école nombreuse d'homœopathes dont la pratique peut là-dessus nous offrir d'utiles lumières, et si nous voulons bien considérer sans illusions dans combien d'affections et dans combien de cas individuels il nous arrive d'échouer avec les médicaments atténués, nous reconnaîtrons qu'il y aurait plus que de l'aveuglement à nous renfermer systématiquement dans le cercle de nos dynamisations, et à repousser comme indignes du titre d'homœopathes ceux qui ne les emploient pas toujours.

Une question plus grave est celle de l'emploi simultané de plusieurs agents thérapeutiques. Pour la bien juger, au moins au point de vue pratique, il faut la ramener à ses termes les plus simples, et se demander premièrement si l'action des médicaments atténués est nécessairement compromise par l'influence simultanée de tout autre modificateur interne ou externe ; secondement, si cette action ne peut pas au contraire être aidée ou com-

plétée par tel de ces modificateurs remplissant des indications pour lesquelles le médicament atténué ne suffit pas.

En présence des atténuations homœopathiques, Hahnemann et nous tous avec lui, avons dû nous persuader
qu'il suffisait de la moindre influence pour troubler, pour
anéantir même l'effet de ces doses si infiniment petites.
Dominés par cette pensée, nous avons tracé à nos malades un régime où, prenant ombrage de tout ce qui était
suspect de propriétés médicinales, nous proscrivons presque tous les légumes usuels, bon nombre de viandes et
jusqu'à l'orange pour son acidité, jusqu'aux moindres
fleurs pour leur parfum. A plus forte raison devions-nous
défendre toute boisson capable d'autre chose que de dés-
altérer, toute fomentation, tout lavement même à l'eau
simple, car le médicament homœopathique devait suffire à tout, et il fallait le laisser agir seul sous peine de
tout compromettre. Il est vrai que, nous enhardissant
peu à peu, nous avons tempéré cette rigueur par bien
des concessions qui, à l'origine, nous eussent semblé in-
compatibles avec le traitement homœopathique. Quelques-
uns même, et de nos meilleurs esprits, ont été jusqu'à
mettre en doute l'utilité de toutes ces précautions diété-
tiques, et ont cité des faits nombreux tendant à établir
qu'ils avaient obtenu des médicaments homœopathiques
tout l'effet désirable, non-seulement chez des sujets qui
ne s'étaient nullement soumis durant le traitement à la
diète homœopathique, mais qui avaient même fait usage
de substances ayant des propriétés incontestablement médicamenteuses.

Sans chercher le témoignage d'autrui, ne suffit-il pas
à chacun de nous pour se convaincre, de considérer que,
dans une foule de professions, les sujets que nous guéris-
sons se trouvent soumis à l'absorption incessante d'odeurs,

d'émanations ou de molécules médicamenteuses qui ,
dans notre hypothèse, devraient rendre le traitement homœopathique impossible ?

Combien de fois aussi ne sommes-nous pas appelés à
soigner des malades actuellement saturés de *camphre*, de
musc, d'*opium*, de *quinquina*, d'*iode*, de *mercure*, etc. ; et
néanmoins chez ces sujets nos médicaments, quelquefois
même administrés par simple olfaction, n'agissent-ils pas
immédiatement, et n'ont-ils pas produit de ces cures mer-
veilleuses qui ont fait la gloire et le triomphe de l'homœopathie ?

Il est à remarquer que dans plusieurs de ces cas une
même substance s'est trouvée appliquée à la fois à l'état
naturel et à l'état dynamisé sans que les doses massives
aient nui en rien à l'effet des doses infinitésimales, les
unes et les autres conservant au contraire chacune leur
sphère d'action. A ce genre de faits se rattachent les
exemples de buveurs de *café* et de *fumeurs* auxquels nous
administrons avec succès le *café* ou le *tabac* dynamisé.

Bien plus, il nous arrive de nous servir avec avantage
des atténuations plus ou moins élevées de certains médicaments, tels que le *mercure*, le *soufre*, le *quinquina*, etc.,
pour combattre les fâcheux effets produits par l'abus de
ces mêmes médicaments employés à l'état naturel. Ici,
loin que les atténuations soient neutralisées, ce sont elles
qui neutralisent jusqu'à un certain point les doses massives.

Quel est donc le fondement de ces craintes qui ont fait
considérer l'emploi de tous les modificateurs internes ou
externes comme nécessairement contraire à l'action de
nos médicaments, et qui ont dicté le régime soi-disant
homœopathique, régime purement négatif, conçu en vue
des médicaments bien plus que des malades, et qui se

borne à proscrire indistinctement la plus grande partie des *matières de l'hygiène* au lieu de les utiliser au profit des divers sujets en traitement?

Du reste, il ne faut pas se le dissimuler, Hahnemann lui-même s'est écarté de son principe lorsqu'il a admis comme auxiliaires des médicaments dynamisés l'électricité, le magnétisme, l'hydrothérapie, certaines applications topiques, comme celles de l'*arnica*, du *thuya*, du *savon*, et surtout lorsqu'il a eu recours à l'association de plusieurs médicaments homœopathiques, administrés, il est vrai, d'une manière *intercurrente* ou *alternative*, mais qui, malgré ces distinctions subtiles, n'en ont pas moins une action simultanée sur l'organisme.

Loin de nous donc ces préjugés qui nous entravent dans la pratique et dont nous ne nous affranchissons qu'à l'aide d'expédients indignes de la science et de la vérité ; marchons ouvertement dans la voie où notre maître, à son insu peut-être, nous a fait faire les premiers pas ; elle promet d'être féconde si nous l'explorons avec mesure et discernement, elle serait au contraire fatale à l'homœopathie si nous devions nous y jeter sans règle et sans criterium. C'est bien cette crainte qui depuis longtemps m'a empêché d'exprimer toute ma pensée sur ce sujet, et m'a porté à m'élever en plusieurs occasions contre les tendances plus libres de quelques-uns de mes confrères. L'homœopathie sortait à peine de cette première phase où elle avait dû, comme toute doctrine nouvelle, s'affirmer avant tout, et partant exclure et s'isoler. Ses représentants ne pouvaient renoncer à ses exclusions, et tendre la main à d'autres méthodes sans compromettre l'homœopathie en paraissant douter de sa valeur, sans énerver en même temps la pratique de ses jeunes adhérents en ébranlant dans leur esprit la certitude de ses principes. Mais en bien peu d'années les choses ont changé d'aspect : l'homœopathie est entrée rapidement dans une phase d'envahissement, je dirai mieux, de transition, où, débordant en quelque sorte sur les médecins de toutes les écoles, elle a embrassé une foule d'éléments nouveaux qui lui étaient plus ou moins incomplétement assimilés. Alors se sont fait entendre les appels à la *tolérance*, à la *tradition*, et l'on a compris qu'il ne s'agissait plus, comme on l'avait rêvé d'abord, du triomphe de l'homœopathie par l'anéantissement de l'ancienne médecine, mais de la régénération de la médecine par l'homœopathie.

Les considérations qui devaient nous arrêter naguère n'existent donc plus aujourd'hui, et dans ce grand mouvement des esprits vers la réforme médicale, nous pouvons apporter librement notre part d'efforts pour développer les grandes vérités que nous a léguées Hahnemann et les rattacher à l'héritage séculaire de la médecine.

LETTRE SUR LE CHOLÉRA

Paris, le 20 septembre 1854.

Mon cher Nunez,

Je vous félicite de l'heureuse idée que vous avez eue de publier, pendant la durée de l'épidémie, un journal hebdomadaire qui, non-seulement enseigne aux praticiens la marche à suivre pour prévenir et combattre le fléau d'après la méthode homœopathique, mais leur expose les diverses applications qui en ont été faites dans les autres parties de l'Europe, et les tienne au courant, jour par jour, des résultats que vous-même obtiendrez en Espagne.

Si j'ai bien compris votre plan, vous n'en exclurez pas les données fournies par les autres écoles; du moins, leurs procédés et leurs statistiques trouveront place dans votre journal. Ne fût-ce qu'à titre de comparaison, vous feriez bien de les admettre, mais il y a mieux à en retirer. Pour le praticien homœopathe qui a été souvent aux prises avec le choléra, il n'y a pas de doute que les moyens puisés dans notre pharmacopée et notre posologie, telles qu'elles sont demeurées jusqu'à ce jour, ne soient bien souvent insuffisants, et qu'il n'y ait nécessité de faire des emprunts en dehors du cercle absolu tracé par notre doctrine. C'est parce que je suis personnellement pénétré de cette vérité que je vous vois avec satisfaction élargir le cadre de votre publication et en faire un bulletin clinique du fléau, où il s'agit moins de principes que de guérisons.

En ces termes, je puis, sans hésitation, répondre à votre appel, et adresser à votre journal l'exposé de mes idées sur la méthode la plus efficace pour prévenir et pour combattre le choléra. A côté des moyens consacrés par l'expérience de tous les homœopathes, vous en verrez d'autres empruntés à l'empirisme (je ne crains pas le mot), d'autres enfin qui, tout en étant homœopathiques, s'écartent néanmoins de nos voies ordinaires, soit par les doses, soit par les substances peu connues encore que j'ai adoptées. Je tâcherai, à l'occasion de chacun de ces écarts, d'entrer dans quelques détails qui les expliquent autant que le permet un travail écrit au courant de la plume, et où je ne puis que faire entrevoir l'ordre d'idées sur lequel se fondent les nouveaux errements de ma pratique.

PRÉSERVATIFS CONTRE LE CHOLÉRA.

Une question dont tout le monde a senti l'importance est celle-ci : Y a-t-il des moyens de préserver du choléra?

Je ne sache pas que nulle part on y ait répondu affirmativement avec autant de confiance que parmi les homœopathes; et certes, d'innombrables faits ont justifié leur assurance, et démontré l'efficacité de leurs agents préservatifs.

Mais cette efficacité est-elle constante? Ces moyens suffisent-ils dans toutes les conditions où on les applique? Sont-ils même toujours applicables? Ce sont autant de points qui, je le crois, n'ont pas été suffisamment étudiés, et sur lesquels l'ardeur de nos convictions nous a fait trop longtemps fermer les yeux. Il suffit cependant d'un examen même superficiel des faits qui se sont produits en 1849 et actuellement depuis près d'une année, pour acquérir la conviction que nos deux ou trois spécifiques reconnus nous font assez souvent défaut. Est-ce à dire qu'ils n'ont pas une immense valeur? Non certes ; mais on compromet cette valeur même, soit par la manière banale dont on les applique, soit en espérant d'eux plus qu'ils ne peuvent faire, et en négligeant d'autres moyens qui devaient leur venir en aide, ou même les suppléer.

DES PRÉSERVATIFS HYGIÉNIQUES.

Les moyens hygiéniques sont ceux qui répondent tout d'abord à cette dernière indication. En écartant des sujets les causes qui peuvent en général troubler l'équilibre de leurs fonctions et créer dans leur organisme de fâcheuses prédispositions, ces moyens peuvent suffire bien souvent à empêcher l'empoisonnement cholérique, puisque nous le voyons se produire et avec plus de facilité et avec plus d'énergie chez les sujets affaiblis par la maladie, par les excès ou par un mauvais régime.

Ces moyens hygiéniques sont de plusieurs sortes : au premier rang figure certainement l'alimentation. On a dit avec raison qu'il ne fallait pas, par la crainte du fléau, changer brusquement sa manière de vivre, ni supprimer l'usage de substances auxquelles on est depuis longtemps accoutumé. Cette recommandation est sage, à la condition toutefois qu'on apporte une modération d'autant plus grande dans ces habitudes qu'elles peuvent être par elles-mêmes plus nuisibles. En outre, on ne saurait nier que les sujets qui se trouvent dans des conditions propres à débiliter, comme celles qui résultent de veilles, de travail forcé, de température froide et humide, de fortes sueurs, etc., ne fassent bien d'user de quelques toniques, tels que le vin ou des spiritueux étendus d'eau, un peu de thé ou de café, ou de tabac, ou quelques condiments légèrement stimulants; mais bien des gens exagèrent cette donnée en s'excitant à l'excès, et tombent dans le danger qu'ils prétendent éviter.

On devra user avec prudence des corps gras, des légumes verts, des crudités et des fruits, s'en abstenir même aux moindres signes de troubles des voies digestives. Cette recommandation est importante dans les contrées méridionales, où l'on s'adonne avec si peu de réserve à ces genres d'aliments.

Il sera utile de modifier les qualités de l'eau suivant le caractère des constitutions. Avec celles qui sont molles, lymphatiques, on ajoutera dans l'eau un peu de *fer* (eau légèrement ferrée), ou même une très-petite quantité de *salpêtre* (nitrum); ou bien l'on fera prendre aux repas, avec ou sans un peu de vin, suivant les goûts, une infusion de *chicorée sauvage*, de *sauge* ou de *ronces*.

Aux constitutions sèches, nerveuses, actives, conviendront mieux l'infusion de *camomille*, ou de *scabieuse*, ou de *sauge* encore, surtout quand il y a tendance à l'hypochondrie.

Celles qui sont prédisposées à l'entérite, aux diarrhées provenant d'une cause herpétique, se trouveront bien de l'infusion de *menthe*, ou des fleurs et feuilles de *cistus*, ou de l'*épine-vinette* (berberis vulg.). Pour les organisations sanguines il faudra préférer la *bourrache*, la *buglosse* ou le *houblon*.

Toutes ces infusions doivent être très-légères et les substances ne doivent pas rester plus de 20 à 25 minutes dans l'eau de l'infusion. Inutile de dire que les sujets qui, par répugnance, ne pourraient user de ces boissons à leurs repas, se trouveraient également bien de les prendre le matin à jeun et dans la soirée ou l'après-midi.

Vous remarquerez que ce n'est pas arbitrairement que j'ai déterminé le choix de ces boissons, mais bien en me fondant sur leurs rapports homœopathiques avec les prédominances constitutionnelles des sujets : du moins pourrez-vous en juger pour ce qui est du *fer*, du *nitrum*, de la *camomille*, du *cistus*, du *berberis*, dont les pathogénésies vous sont bien connues. Quant aux autres dont, sans doute, je suis le premier à avoir étudié les effets purs, vous pouvez être assuré qu'ils répondent non moins exactement que les précédents aux indications homœopathiques. Déjà, ce que je vous ai communiqué récemment sur les effets remarquables de la *sauge* et sur ses propriétés thérapeutiques, peut vous permettre d'en juger.

Une autre question se présente : Pourquoi des infusions ? Pourquoi ne pas administrer ces médicaments sous la forme et aux doses consacrées par notre thérapeutique ? Pourquoi, ce qui est plus grave, conseiller, comme je le ferai tout à l'heure, ces infusions en même temps qu'un autre médicament homœopathique, et aussi l'application des métaux et même le *camphre*, cet antidote presque universel de nos préparations ? Me plaçant uniquement sur le terrain de la pratique, et laissant de côté, pour y revenir ailleurs, ce qui n'intéresse que la doctrine, je répondrai que les médicaments, soit en infusion, soit dans une préparation quelconque qui laisse exister leur état naturel, état que nous avons appelé *massif*, n'agissent pas sur l'organisme de la même manière que lorsqu'ils sont *atténués* par les procédés de l'homœopathe; que ces deux modes d'action employés successivement ou simultanément, loin de se nuire, se favorisent mutuellement et se complètent quand les médicaments sont bien appropriés.

Quant au *camphre*, qu'on se rassure, il n'a point cette vertu qu'on lui a trop généralement attribuée d'éteindre les effets des médicaments vraiment homœopathiques. S'il peut, à la vérité, les modifier quelquefois, quelquefois même les atténuer, il ne saurait les détruire que dans des cas tout à fait exceptionnels. Qui de nous, dans sa pratique, ne l'a constaté avec regret, lorsqu'il avait à combattre de trop fortes aggravations produites par les médicaments?

Qu'il me soit permis de me borner à ces simples affirmations ici où il n'est fait appel qu'à mon expérience et où des développements théoriques ne seraient point à leur place.

On ne saurait apporter dans les soins du corps une propreté trop recherchée; les ablutions fréquentes, presque journalières, quelques bains de temps en temps plutôt chauds que tièdes, concourront utilement à ce but. Le linge de corps doit être changé souvent, et il est bon qu'il n'ait pas séjourné depuis longtemps dans les meubles au moment où l'on s'en revêt. Il convient surtout alors de le faire préalablement sécher au feu.

Autant que possible on doit éviter de conserver dans sa chambre à coucher les vêtements que l'on a portés pendant le jour, à moins qu'on ne les ait laissés exposés à l'air pendant une ou deux heures après les avoir quittés.

Quant à la chambre à coucher elle-même, on doit y entretenir une grande propreté, et l'aérer souvent. C'est sur ce point que j'appelle toute votre sollicitude dans votre pays où l'on a la funeste habitude de coucher dans des alcôves profondes, hermétiquement fermées, que ne visitent jamais ni l'air extérieur, ni la lumière du jour, et où plusieurs membres de la même famille se trouvent quelquefois entassés pendant la nuit. Élevez-vous de toutes vos forces contre cette manière de faire si nuisible à la santé de vos compatriotes, et qui peut aujourd'hui les exposer davantage aux atteintes de l'épidémie. Déjà l'habitude, où sont tant de personnes, de coucher deux dans le même lit est bien contraire en elle-même, que sera-ce donc au fond de vos obscures alcôves ? Mais là où cet état de choses ne pourra être changé, exigez autant que possible qu'on enlève des chambres à coucher les rideaux, les tentures, les tapis, surtout quand leurs tissus sont de laine, en un mot, tout ce qui peut obstruer l'air et retenir les miasmes qu'exhalent incessamment nos propres corps.

C'est ici que l'usage du feu pourra rendre de grands services, employé soit dans les cheminées où l'on devra souvent allumer de grandes flammes claires et rayonnantes, soit dans des réchauds, dans vos *braseros* qu'on promènera çà et là, surtout dans les parties les moins éclairées et les plus éloignées des courants d'air. Vous avez pu voir dans nos journaux quels ont été les salutaires effets tantôt des feux allumés à dessein en plein air, tantôt des incendies mêmes, dans des localités où l'épidémie avait fait jusque-là de cruels ravages qui s'apaisaient aussitôt. On a rappelé à ce sujet l'usage où étaient certains peuples de l'antiquité, les Égyptiens en particulier, d'allumer des feux d'une manière régulière et méthodique aussitôt qu'ils étaient visités par des maladies épidémiques. Quand même ce moyen n'aurait pas toute l'efficacité qu'on lui prête, qui peut douter de l'assainissement qu'il doit produire au milieu de toute atmosphère stagnante et chargée de miasmes? Il ne saurait donc être nulle part d'une application plus utile et à la fois plus facile que dans nos habitations.

On a recommandé également et avec beaucoup de raison de blanchir à la chaux vive ou de peindre à l'huile et à la thérébentine les parois des murs dans les parties obscures, sales ou humides de nos demeures. Je crois bon de rappeler ces moyens et d'autres, tels que les fumigations aromatiques, sulfureuses ou chlorurées.

DES MÉDICAMENTS PRÉSERVATIFS.

En outre de ces divers moyens puisés dans l'hygiène, il y a des agents médicamenteux spécialement préservatifs du choléra, je n'hésite pas à l'affirmer ; seulement, ainsi que je l'ai dit plus haut, il faut se garder de croire qu'ils jouissent d'une vertu préservative absolue, et que, par là, ils dispensent de recourir aux précautions générales que je viens d'énumérer ; je dis cela pour répondre aux doutes élevés par quelques-uns même de nos confrères.

Parmi les préservatifs externes je considère le *cuivre* comme le plus important et celui dont l'action est la plus certaine. Le docteur Burq, comme vous le savez, a préconisé depuis longtemps ce moyen ; il a publié plusieurs mémoires dans lesquels il démontre par des statistiques positives que parmi les individus, les ouvriers, par exemple, qui sont en contact habituel avec le cuivre, il n'y a eu que des cas très-rares de choléra, encore sur des sujets qui s'étaient éloignés pendant quelques jours de leurs ateliers, et la plupart pour se livrer à des excès (1).

Du reste, ainsi que plusieurs d'entre nous nous l'ont rappelé, l'application du cuivre à la peau a été indiquée déjà par Hahnemann comme un préservatif populaire dans certaines provinces de l'Allemagne. Le cuivre ne produit-il pas, du reste, des symptômes analogues à ceux du choléra, non-seulement quand il est introduit dans l'organisme par les voies digestives, mais même quand il est simplement appliqué à la peau, ainsi que j'en ai cité ailleurs un remarquable exemple ? Par suite de cette similitude d'action, ne l'employons-nous pas avec un incontestable succès dans le traitement du choléra, et ne le donnons-nous pas aussi

______

(1) Je sais bien que l'on a invoqué contre cette immensité résultant du contact du cuivre une grande mortalité qui se serait produite dernièrement dans les ateliers de MM. Cail et Cie ; mais le directeur de ces ateliers a rectifié cette assertion dans une de nos feuilles politiques, et a déclaré que la mortalité dont il était question n'avait atteint que les atteliers où l'on travaille le fer et l'acier, tandis qu'elle aurait respecté, au contraire, ceux où l'on travaille le cuivre, à ce point que pas un ouvrier dans ces derniers n'avait été atteint du choléra.

2

comme préservatif à l'intérieur? Et n'est-ce pas une manière de le faire pénétrer dans l'organisme tout aussi certaine que de le mettre au contact de la peau ou d'en faire respirer les particules infiniment ténues qui s'échappent de larges surfaces? Seulement cette manière-ci a l'avantage d'être incessante sans fatiguer l'organisme et sans mettre en jeu les voies digestives, ce qui la rend certainement préférable.

Je recommande donc avec insistance ce moyen si simple qui consiste à porte r habituellement le jour (quand règne l'épidémie) une plaque de *cuivre jaune* (on doit généralement le préférer au cuivre *rouge*, quoique celui-ci puisse être aussi employé) de la dimension à peu près de la main, que l'on applique tantôt sur l'épigastre, tantôt sur le ventre, la poitrine, le dos ou les reins. Il ne faut point s'inquiéter de la teinte verte que prend souvent la peau, sur les points où le contact avec la plaque a été prolongé; il suffit de l'enlever de temps en temps avec un peu d'eau de savon. Ce contact produit quelquefois aussi une éruption de boutons très-pruriteux qui disparaissent promptement quand on cesse l'application métallique sur les points irrités. Cet exanthème est loin d'être fâcheux, j'ai vu au contraire plusieurs fois des sujets qui souffraient de symptômes gastriques même très-anciens, s'en trouver plus ou moins complétement débarrassés aussitôt que se manifestait cette révulsion accidentelle.

En outre de cette plaque portée habituellement, je conseille, surtout aux personnes placées dans de mauvaises conditions hygiéniques ou dans un foyer épidémique, ou impressionnées déjà plus ou moins par l'influence de la maladie, de placer dans les pièces qu'elles habitent d'ordinaire et plus particulièrement dans leurs chambres à coucher, de larges feuilles de cuivre propres à leur créer une sorte d'atmosphère *cuivreuse*.

Le camphre a certainement aussi son utilité comme préservatif, soit placé çà et là dans les recoins de nos appartements, soit porté en flacon et respiré quelquefois lorsqu'on est obligé de demeurer un certain temps dans un lieu mal aéré ou dans lequel un grand nombre de personnes se trouvent réunies. Il faudra surtout en porter sur soi et en sachet quand on sera au contact des cholériques, et à plus forte raison quand on devra rester auprès d'eux pour leur donner des soins.

Quelle que soit ma confiance dans ces modes de prophylaxie, je ne les regarde pas comme devant toujours suffire et je crois sage, quand l'épidémie se développe, d'avoir recours en même temps aux préservatifs dont nous avons tous éprouvé la haute efficacité, le *veratrum* et l'*arsenic*. Je n'ai rien à apprendre aux médecins homœopathes sur la valeur de ces médicaments ni sur l'utilité de les employer alternativement. Je ferai observer seulement que l'habitude où l'on est de donner ces médicaments en globules ou même en gouttes de dilutions plus ou moins élevées, expose à de graves mécomptes, aussi bien quand il s'agit de préservation que de traitement. Ces préparations atténuées sont trop souvent insuffisantes pour qu'on en généralise ainsi l'emploi ; il faut les réserver pour les moments où l'épidémie a peu d'intensité ou pour les organismes très-sensibles aux agents homœopathiques. A cet égard, vous vous trouvez placé dans des conditions plus favorables que nous, car l'observation montre que la réceptivité pour les atténuations élevées est plus grande dans les contrées méridionales, et qu'elle est au contraire de plus en plus faible à mesure qu'on se rapproche des régions septentrionales ; mais en général, et surtout chez nous, il faut avoir recours aux *premières atténuations*.

L'expérience m'a prouvé que, à ces premiers degrés d'atténuations, les *triturations* conviennent mieux aux sujets délicats, nerveux, les *dilutions en gouttes* aux sujets plus robustes, sanguins ou bilieux, et à ceux qui sont plus réfractaires à l'action des médicaments dynamisés. Cette différence tient à ce que les *triturations*, bien qu'elles aient une action plus pénétrante et plus prolongée que les *dilutions en gouttes*, agissent cependant avec moins de rapidité et d'énergie imm édiate.

Quand l'épidémie apparaît, il est bon d'administrer d'abord le *veratrum* en dilutions ou en triturations d'après l'indication qui précède, à la dose de une goutte ou de 5 centigrammes, dose que l'on répète tous les deux ou trois jours pendant deux ou trois semaines ; puis, si nul symptôme de trouble dans la santé ne se manifeste, on laisse écouler, sans donner de médicaments, dix, quinze, vingt jours même, au bout desquels on revient au *veratrum*, en élevant un peu l'atténuation et diminuant le nombre des doses successives. Après celles-ci, un nouveau repos est nécessaire, plus ou moins prolongé, suivant l'état du sujet et la marche de l'épidémie. Je conseille de s'en tenir au *veratrum* seul tant qu'il ne se présente aucune autre indication, car c'est lui qui répond le mieux aux caractères généraux de l'épidémie.

Mais s'il survient le moindre trouble du côté des voies digestives, il faut alterner le *veratrum* avec l'*arsenic*, et administrer une dose de l'un puis une dose de l'autre, à jour passé ou avec un jour d'intervalle, suivant les circonstances.

Ces troubles deviennent-ils plus prononcés, il faut les étudier pour leur opposer les médicaments qui y répondent le mieux et dont je parlerai bientôt à propos du traitement.

Je ne veux pas abandonner la question des *préservatifs*, sans insister encore sur la nécessité de les employer, non-seulement en vue d'éviter le choléra, mais de s'opposer au développement de l'*hypochondrie cholérique*, plus funeste peut-être que le choléra lui-même par les traces profondes, souvent ineffaçables, qu'elle laisse dans l'organisme. C'est ici, lorsque les premiers signes de cette triste affection apparaissent, qu'il faut de la persistance dans l'emploi des moyens préservatifs pour s'opposer au développement de ces troubles des fonctions digestives, du système nerveux et du moral, qui grandissent ou diminuent avec l'épidémie et ne disparaissent presque jamais complétement même après que celle-ci a entièrement cessé. Qui de nous n'a vu de ces sujets dont la santé a été, depuis le choléra de 1832, profondément altérée par cette sorte d'hypochondrie, et qui depuis ont éprouvé, chaque fois que le choléra a reparu, un cruel redoublement de leurs souffrances.

Or, on peut empêcher ce mal d'éclater par l'emploi des préservatifs; on peut l'arrêter, l'atténuer au moins quand il commence à se manifester. Par cela même que les préservatifs doivent ici être employés pendant longtemps, il faut avoir soin, pour n'en pas épuiser l'action, de varier souvent les préparations, d'abaisser ou d'élever les atténuations suivant le plus ou le moins d'intensité des symptômes, de passer des dilutions en gouttes aux triturations, et réciproquement, d'autres fois aux dilutions en globules, et même d'en remonter parfois l'échelle graduellement jusqu'aux plus hautes atténuations. Je signalerai à l'article du traitement un médicament qui est d'une grande efficacité dans cette affection.

PRODROMES DU CHOLÉRA.

C'est une très-grande erreur de penser et de dire que l'invasion du choléra n'est précédée dans certains cas par aucun symptôme caractéristique provoqué soit par des écarts de régime, soit par des troubles plus ou moins violents dans l'état moral. Ces prétendus cas foudroyants qui jettent la terreur parmi les masses n'ont été foudroyants que par l'incurie même des sujets atteints, qui n'ont apporté la plupart du temps nulle modification à leur manière de vivre fâcheuse, et de plus nulle attention à des malaises dont ils n'ont pas tenu compte parce qu'ils n'en comprenaient pas l'importance. Ces malaises sont les suivants; ils se font ressentir en général pendant quatre, six et même dix jours avant que le choléra lui-même n'éclate :

Lassitude particulière ressentie plus vivement dans les jarrets qui souvent fléchissent;

Perte de l'appétit ;

Tristesse hypochondriaque qui fait naître des pressentiments ;

Embarras de l'estomac; digestions laborieuses qui souvent causent une sorte d'oppression et des renvois ;

Gargouillements dans le ventre ;

Diarrhée plus ou moins forte.

A ce degré il est facile d'arrêter la marche des symptômes par l'emploi des préservatifs déjà indiqués, le *veratrum*, l'*arsenic*, ou par d'autres médicaments, tels que le *cuivre*, l'*indigo*, le *jatropha curcas*, la *noix vomique*. Je crois utile de préciser les symptômes qui ici et dans d'autres cas plus graves devront recommander tel ou tel de ces derniers médicaments dont deux surtout sont à peine connus de la plupart des homœopathes.

Le *cuivre* est indiqué principalement quand se présentent les symptômes suivants :

1° Afflux du sang vers la tête, et vertiges sous l'influence du travail de la digestion. (Il est bon alors de l'alterner avec *aconit.*)

2° Envies de vomir surtout après avoir mangé ;

3° Envies de vomir, malaise, trouble du côté de l'estomac, suivis de coliques et de diarrhée. (Il devra être alterné alors avec *arsenic*, et employé concurremment avec le *cuivre* à l'extérieur.)

L'*indigo* correspond davantage aux symptômes suivants :

1° Malaise général, mal défini ;

2° Symptômes vagues du côté de l'estomac, dont le sujet lui-même ne sait pas rendre compte ;

3° Malaises, puis borborygmes, puis évacuations fréquentes, abondantes de matières liquides, aqueuses, mêlées de mucosités verdâtres, et accompagnées de pesanteur, de pression douloureuse à l'anus.

Le *jatropha curcas* correspond à :

1° Digestions laborieuses, embarras, pesanteur à l'estomac ; renvois de mauvais goût ;

2° Crampes d'estomac, tortillements, brûlements ;

3° Crampes d'estomac avec mauvais goût de la bouche, malaise général et froid ;

4° Brûlure insupportable dans l'estomac ;

5° Crampes d'estomac, vomissement comme de l'eau avec diarrhée de même caractère. (Dans ce dernier cas il devra être alterné avec le *veratrum*.)

On voit du reste par là les rapports frappants qui existent entre le *jatropha*, le *veratrum* et l'*arsenic*.

Quant à *nux vom.*, je n'ai pas besoin de rappeler ses symptômes caractérisques. Je crois inutile également de préciser les conditions dans lesquelles *ipeca.*, *tart.*, *emet.*, *digit.*, etc., pourraient être préférés aux médicaments que je viens de recommander.

Mais c'est alors que se manifestent ces premiers effets de l'influence épidémique qu'il faut surtout recourir à l'hygiène que j'ai tracée plus haut, être sévère sur le choix des aliments, user de quelqu'une des infusions dont j'ai parlé, éviter avec soin les fatigues de toutes sortes, les refroidissements, et appliquer à la peau le *cuivre* ou, à défaut, de la flanelle *camphrée* ou même *soufrée* (1).

Ces recommandations font ressortir l'inconvénient grave

___

(1) Notre estimable confrère Jahr m'a cité dernièrement quelques

qu'il y a à cacher aux populations l'existence du fléau quand il est si utile au contraire de les en avertir en leur rappelant souvent les précautions qu'elles doivent prendre pour s'y soustraire. Aussi, mon cher Nuñez, à ce point de vue déjà, notre publication est-elle une œuvre vraiment utile et qui devrait être imitée partout.

TRAITEMENT DU CHOLÉRA.

Avant tout, lorsqu'un sujet est atteint par le choléra, il ne faut pas hésiter dans le traitement, car la maladie se développe souvent avec une extrême rapidité, et à mesure qu'elle se prolonge, les chances de succès deviennent plus incertaines.

Aussitôt le praticien, et, à son défaut, les personnes qui sont placées auprès du malade doivent couvrir de *cuivre* la surface de la peau en autant de points qu'il leur est possible, surtout à l'épigastre, au ventre, à la poitrine, aux lombes, sur les cuisses, à la plante des pieds et sur la face palmaire des mains. On peut chauffer préalablement les plaques ou surfaces de cuivre avant de les appliquer, et l'on doit avoir soin de les recouvrir de laine pour en conserver la chaleur. Le cuivre *jaune*, ainsi que je l'ai dit, est préférable au cuivre *rouge*, cependant celui-ci peut rendre également de grands services. Quant à la forme des surfaces de cuivre, elle est indifférente pourvu qu'elle soit le mieux possible en contact avec la peau ; aussi, à défaut de plaques appropriées, peut-on faire usage des ustensiles quelconques en cuivre que l'on a sous la main.

Comme une des propriétés spéciales de ce métal, indépendamment de son action générale *anticholérique*, est de faire cesser les crampes, on procurera un grand soulagement au malade en appliquant le cuivre simultanément, ou au moins successivement, sur tous les points où les crampes se manifesteront.

On doit, dès le début, essayer de réchauffer le malade en le couvrant convenablement, en enveloppant son corps, ses

faits de préservation, par le *soufre* appliqué à la peau, qui viennent à l'appui du conseil que j'en donne.

extrémités surtout avec des laines chaudes, ainsi qu'en exer-
çant de douces frictions sur les membres. L'agitation incessante du malade rend souvent cette recommandation d'une
exécution difficile, il importe néanmoins de n'en pas perdre
de vue l'importance.

Si l'on n'a sous la main aucun des médicaments que je
vais indiquer, il faudra administrer au malade soit une ou
deux gouttes d'esprit-de-vin *camphré*, dans une cuillerée à
bouche d'eau froide, toutes les dix ou vingt minutes, soit, à
défaut de ce liquide, de très-petits morceaux de *camphre*
dans un peu d'eau, ou directement dans la bouche.

Mais, dès qu'on pourra se procurer les médicaments vraiment spécifiques, il ne faudra recourir au camphre que
pour l'usage externe dont je ferai mention tout à l'heure.
Ces spécifiques, on le sait déjà, sont le *veratrum*, l'*arsenic*, le
cuivre. Mais comme je l'ai dit au sujet de la préservation, je
suis loin de partager l'opinion d'un grand nombre de mes
confrères sur la suffisante efficacité des dilutions plus ou
moins élevées de ces médicaments employés en globules ou
même en gouttes. Je sais bien que dans des cas peu graves
ou chez des sujets doués d'une grande réceptivité, ces doses
ont pu suffire, j'en ai vu moi-même plus d'un exemple,
mais, je le dis hautement, dans la plupart des cas graves,
elles restent sans effet, et même dans des cas encore légers,
elles laissent trop souvent se développer la maladie que des
doses plus fortes eussent aussitôt enrayée.

Le *veratrum* doit être administré en *teinture* et en *gouttes*,
depuis 1 jusqu'à 4 et même 6 à la fois, répétées toutes les
heures, quelquefois même toutes les demi-heures d'abord,
quand les accidents sont graves, puis en diminuant et en éloignant les doses à mesure que les symptômes s'amendent.
(Ces gouttes s'administrent simplement dans un peu d'eau
fraîche, pure ou sucrée.) Quelquefois le *veratrum* à lui seul
fait cesser les accidents; mais, pour ne pas s'exposer à
perdre du temps par une action incomplète, il est plus pru-
dent de l'alterner dès le début avec l'*arsenic* à la première
dilution et à la dose également de 1 à plusieurs gouttes.

Si, au bout de quelques heures, et ici le nombre ne peut
se mesurer que sur la rapidité avec laquelle marchera la
maladie, si, dis-je, ces deux médicaments ne produisent au-

cune amélioration appréciable, il faut recourir au *cuivre* à l'intérieur, et ici le médicament doit être administré avec hardiesse si l'on ne veut laisser arriver le moment où nul agent ne pourra plus avoir d'action. La meilleure préparation de cuivre pour cet usage, est l'*ammoniure de cuivre,* cuivre ammoniacal. (Le sulfate ou l'acétate de cuivre peuvent être employés indifféremment.) Le docteur Burq qui l'a recommandé et qui a cité des cas remarquables de guérison par cet agent, ne craint pas d'en porter la dose jusqu'à 40, 50 et même 60 centigrammes, par vingt-quatre heures. Sans blâmer l'emploi de doses aussi énormes, puisque le succès l'a justifié et que nous savons d'ailleurs combien l'état pathologique est capable de modifier l'action des médicaments sur l'organisme, je crois inutile d'arriver à de telles extrémités et je conseille d'administrer d'heure en heure 1 centigramme de *cuivre ammoniacal,* à l'aide d'un mélange composé de $\frac{1}{5}$ de ce cuivre et de $\frac{4}{5}$ d'eau distillée, mélange dont on donnera 1 goutte à la fois. On insistera sur ce médicament en éloignant les doses à mesure qu'il agira favorablement. Dans un cas extrême au contraire, si ces premières quantités ($\frac{1}{5}$ de grain) demeuraient sans effet, il ne faudrait pas hésiter à les doubler en les alternant avec la teinture de *veratrum.*

A défaut du *cuivre ammoniacal,* on peut encore employer avec quelque avantage la première trituration de *cuivre* à $\frac{1}{100}$ ou même à $\frac{1}{10}$ (c'est-à-dire contenant 10 parties de métal pour 90 de sucre de lait). Il faut alors administrer des doses de 10, 15 et même 20 centigrammes, à la fois. Mais je dois prévenir que cette préparation produit souvent des pesanteurs d'estomac, et par là, ainsi que par sa moindre solubilité, est inférieure au cuivre liquide.

Il y a un médicament dont Hahnemann a proclamé lui-même la presque infaillibilité, et que l'on s'étonne de ne voir figurer parmi aucun de ceux dont les homœopathes conseillent l'usage, je veux parler de l'*huile de Cajeput.*

Je sais bien qu'elle est exclue par le motif qu'elle n'a encore été l'objet d'aucune expérimentation pure, et j'admets en principe cet argument. Cependant je ne puis l'accepter ici où il s'agit d'un mal contre lequel tous les moyens rationnels restent trop souvent impuissants, et qui, par là autorise toute tentative faite dans le cercle d'un judicieux empirisme. Or, à ce point de vue, l'emploi de l'*huile de Cajeput* se trouve justifié à la fois, *à priori*, par l'hypothèse de Hahnemann qui attribue toute son efficacité au cuivre qu'elle contiendrait selon lui, *à posteriori*, par les guérisons si nombreuses qu'il assure lui-même qu'elle procure dans l'Inde. Par ces considérations, je me suis décidé à l'essayer à mon tour et je puis assurer qu'il y a beaucoup à attendre de ce médicament, même dans les cas extrêmes qui ont résisté aux autres moyens. Je l'administre alors par 1 goutte à la fois dans une cuillerée à café d'eau, de demi-heure en demi-heure, puis en éloignant les doses à mesure que les accidents se modèrent.

Je crois sage de l'alterner soit avec le *cuivre*, soit avec le *veratrum*, suivant les indications.

Je viens de parler des cas qui présentent le plus haut degré de gravité; à peine ai-je besoin de dire que dans ceux qui sont moins graves, la médication n'a pas besoin de s'élever à ce degré d'énergie. Alors les premières dilutions en gouttes de *veratrum*, d'*arsenic* ou de *cuivre*, devront être employées de préférence aux teintures; et chez les sujets sensibles, nerveux, les femmes, les enfants, ou même chez les hommes dont la constitution se trouvera appauvrie, les premières triturations seront, je l'ai déjà dit plus haut, mieux appropriées que les dilutions en gouttes. La dose de ces triturations peut varier pour la première trituration, depuis 10 centigrammes jusqu'à des doses 2, 3, 4 fois moindres, surtout à mesure que l'on s'élèvera dans l'échelle des *atténuations*, car il ne faut jamais perdre de vue que la diminution de la dose doit toujours marcher en rapport avec le degré d'élévation de l'*atténuation*.

Les globules de dilutions plus ou moins élevées devront être réservés pour les cas légers, et pour les sujets très-impressionnables aux agents homœopathiques.

Indépendamment des moyens que je viens d'indiquer, je crois utile de recourir à quelques boissons dont l'action ne peut que venir en aide à celle des médicaments; ainsi, au début surtout de la période algide, l'infusion légère, chaude de fleurs de *camomille*, et celle de *menthe*, alternées par petites quantités à la fois, sont utiles; on peut recourir aussi au *thé* léger. Mais lorsque la soif est intense, les nausées continuelles avec vomissements plus ou moins fréquents, l'eau à la glace est un moyen mieux approprié pour calmer la soif et les angoisses du malade.

Les lavements ne doivent pas non plus être négligés; leur influence n'est pas aussi nulle qu'on pourrait se le persuader : si bornée et si faible qu'elle soit, elle concourt néanmoins à l'effet général du traitement. Je conseille de très-petits lavements tièdes, d'un verre tout au plus, de décoction épaisse de riz, ou d'eau mêlée d'amidon préalablement cuit; on devra les répéter toutes les 2, 3 ou 4 heures suivant la fréquence des selles.

Lorsque l'organisme ne paraît sensible à aucun des agents mentionnés, et que les évacuations ne diminuent pas, je n'hésite pas à mêler au lavement de 3 à 6 gouttes de *laudanum* de *Sydenham*, ou simplement quelques cuillerées d'eau de pavot, quand il s'agit de sujets très-délicats. Dans certains cas même j'ai administré par la bouche de $\frac{1}{8}$ à $\frac{1}{4}$ de grain d'opium, répété 2 à 3 fois en 6 ou 8 heures. J'ai vu sous cette influence les évacuations diminuer, la réaction vitale se réveiller et le malade devenir sensible aux agents homœopathiques jusque-là sans effet. Les homœopathes n'en sont pas à connaître cette propriété que possède l'*opium*, de relever les forces vitales; mais ce serait vainement que l'on essayerait ici d'obtenir ce résultat par les préparations atténuées ; c'est en substance même, bien qu'à des doses faibles, qu'il faut alors administrer ce médicament. Quant aux médecins qui ne voudront voir dans cette heureuse influence de l'*opium* que la conséquence de la diminution ou de la suppression des évacuations, je leur rappellerai que cette suppression, dans un grand nombre de cas, loin de marquer le commencement d'une réaction favorable, n'est que le commencement de la période fatale du collapsus.

Quel que soit l'état de gravité du mal, il ne faut pas laisser le sujet dans le lit ni même dans la chambre où il se trouvait au moment où il a été atteint. Si cette prescription importante ne peut être exécutée, il faut autant que possible y suppléer en changeant le linge, les draps et les couvertures; en enlevant les tentures et les tapis, surtout s'ils sont en laine. Il faut renouveler fréquemment l'air de la chambre, et en modifier l'atmosphère en répandant de temps en temps un peu de camphre, en plaçant autour du lit, sous l'oreiller même, le plus de surfaces de cuivre que l'on peut, en faisant un feu vif, en brûlant même quelques plantes aromatiques. Et, je recommande ceci très-particulièrement, il ne faut pas que la tête du malade soit couverte.

N'écrivant pas ces lignes pour des médecins seulement, mais aussi pour les gens du monde auxquels votre publication s'adresse peut-être plus particulièrement encore, je crois devoir recommander de laisser ignorer autant que possible au malade la nature de l'affection dont il est atteint, et de soutenir au contraire son moral par le calme et la confiance que devront manifester tous ceux qui l'entoureront. J'ai vu les alarmes et la précipitation anxieuses des assistants être funestes au patient en lui causant une mortelle terreur.

Souvent la difficulté ne sera pas de faire cesser la gravité du mal dans ses premières périodes, mais se rencontrera à ce moment généralement peu accusé du passage à la réaction. Alors il sera temps d'éloigner, d'affaiblir ou plutôt de modifier les doses. Le tact, la sagacité du praticien devront tout faire ici, car il n'est pas possible de tracer une règle absolue sans risquer d'égarer plutôt que d'éclairer.

Le traitement de la période franche de réaction ne saurait non plus faire l'objet de ce travail, sans l'étendre au delà des proportions qu'il m'est permis de lui donner. Je me borne à recommander comme étant essentiel, l'*aconit* en teinture ou à très-basses dilutions, et à doses assez fortes; en cela je suis heureux d'avoir vu mon expérience fortifiée par celle de notre estimable confrère le docteur Tessier. Ce même médicament conviendra lorsque se produiront, pendant la réaction, des phénomènes de congestion cérébrale; il faut aider alors son action par l'emploi des métaux, du *cuivre* surtout et du *zinc* à la nuque, sur les reins, à l'épigastre, et aussi par des frictions camphrées sur les membres inférieurs.

Quant à cette période de collapsus, de faiblesse croissante qui marque si souvent l'acheminement vers une terminaison fatale, on pourra quelquefois en triompher à l'aide du *lachesis,* de la *sauge,* parfois encore de l'*aconit* chez certains sujets, et surtout à l'aide du *jatropha curcas* qui a une si puissante action sur le système nerveux.

La convalescence demandera les soins les plus minutieux et les mieux entendus ; l'alimentation surtout devra être graduée au début avec une prudence extrême. Mais dans la plupart des cas, le régime seul ne suffira pas, et il devra être aidé par l'emploi de médicaments appropriés à la fois à la constitution du sujet et aux troubles qui persisteront encore dans les fonctions. Chez les femmes, les enfants et les hommes jeunes, délicats, l'*indigo*, le *jatropha curcas* et le *tart. em.* conviendront généralement pour combattre les troubles des voies digestives. Chez les sujets de constitution sanguine ou bilieuse, vigoureuse et massive, le *jatropha* pourra encore être utile, mais mieux peut-être le *sulfate de zinc* et l'*aconit*.

Afin de faire disparaître les germes de destruction laissés dans l'organisme par l'empoisonnement cholérique, on devra, au moins pendant une année, le tenir sous l'influence des médicaments homœopathiques. Non pas qu'on doive en user constamment, loin de là (et j'aurais bien à dire sur l'abus qu'on fait de nos médicaments) ; mais il faut surveiller les différentes phases par lesquelles passera inévitablement la constitution et dans lesquelles les voies digestives joueront toujours le principal rôle. La *sauge* alors rendra les plus grands services en ce que, mieux qu'aucun autre médicament, elle rétablira l'harmonie troublée des différentes fonctions de la rate, du foie, etc. L'emploi du *fer* (de l'eau ferrée, par exemple, ou même du fer en limaille pris dans les aliments) sera avantageux pour les sujets dont l'organisme aura subi un grand épuisement. En un mot, le régime devra être mis en rapport avec les diverses conditions des sujets, afin qu'il vienne en aide à l'action bienfaisante des agents homœopathiques.

DE L'HYPOCHONDRIE CHOLÉRIQUE.

Je ne veux pas terminer sans revenir en quelques mots sur cette hypochondrie et en indiquer rapidement le traitement. Sans avoir la gravité immédiate de l'empoisonnement cholérique lui-même, elle est cependant plus difficile à combattre, et surtout à détruire entièrement. Dès que l'organisme en a subi les atteintes, il perd sa force de réaction, le système nerveux profondément ébranlé ne fonctionne plus qu'irrégulièrement, la circulation elle-même est troublée, et il n'est plus un organe qui ne soit modifié plus ou moins par l'envahissement de ce mal peu compris, mal combattu par conséquent, et qui, détruit en apparence, laisse de telles racines dans l'organisme que, à la moindre secousse, au plus léger trouble des fonctions digestives, les symptômes reparaissent plus violents, et jettent le malade dans un désespoir d'autant plus douloureux qu'il lui semble ne devoir jamais être délivré de ses souffrances.

Le mode de traitement le mieux approprié à ce genre d'affection consiste, pendant que l'épidémie règne, dans l'emploi bien entendu des *préservatifs* administrés en triturations ou en dilutions suivant la constitution du sujet, et à des intervalles de plus en plus éloignés à mesure que les effets des médicaments seront plus sensibles et que les atténuations en auront été plus élevées. Après l'emploi de ces préservatifs, soit qu'ils aient été sans résultat appréciable, soit lorsque leurs effets ne se continueront plus, il faudra avoir recours à la *sauge* qui est, ainsi que je l'ai dit plus haut, un des agents les plus efficaces contre cette affection (1). Son genre d'administration variera suivant les organismes, cependant l'infusion devra généralement être administrée avant les doses homœopathiques, afin de préparer en quelque sorte la constitution au travail de ces dernières. Il est important que cette infusion soit extrêmement légère si l'on ne veut pas s'exposer à produire quelques-uns des effets primitifs du médicament, quelquefois même d'une manière très-pénible pour le sujet, tels que crampes violentes d'estomac, irritation de la vessie, etc. Deux feuilles de *sauge* seulement, infusées 15 à 20 minutes dans 3 ou 4 grands verres d'eau bouillante, fourniront une boisson déjà bien assez active dont on pourra prescrire 1 à 2 ou 3 demi-verres par jour, pris

---

(1) Depuis l'envoi de cette lettre au docteur Muñez, il m'a indiqué lui-même le *carbo mineralis* comme un des agents homœopathiques les plus utiles pour combattre l'hypochondrie cholérique; je crois donc utile de le recommander à l'étude de mes confrères.

soit pendant les repas, soit le matin et l'après-midi ou le soir. Après 6 à 8 jours de l'emploi de cette infusion suivis d'un temps à peu près égal de repos, on peut aborder les premières triturations ou dilutions, puis les atténuations plus élevées. Mais qu'on se garde de forcer les doses ou de trop les répéter consécutivement; la *sauge* est un médicament à action longue et profonde, qui peut à lui seul mener à bien une cure même difficile, mais qui pour cela doit être manié avec une grande réserve, et, si j'osais me servir de cette expression, avec une main délicate et légère. Il importe ici, et avec ce médicament plus qu'avec aucun autre, de n'administrer les doses que tous les deux jours et même à de plus longs intervalles à mesure que la réaction se fait plus franchement, en outre il faut, après quelques doses, laisser reposer l'organisme pendant une ou plusieurs semaines avant de donner une nouvelle série de doses.

La médication quelle qu'elle soit, n'aura du reste qu'un résultat nul ou bien imparfait si l'on n'y joint l'emploi d'une hygiène intelligente dont les bases doivent être une vie active, les exercices du corps, les distractions, la musique en particulier, comme produisant dans le système nerveux une sorte de détente salutaire, le changement surtout d'air et de lieux, condition essentielle lorsqu'il s'agit de combattre les effets quels qu'ils soient de l'empoisonnement cholérique. A un moment donné il peut devenir nécessaire d'imprimer au moral et au physique certaines secousses dont l'électricité ou même le magnétisme animal peuvent remplir l'indication. Je ne parle pas de la nécessité d'assister le malade par les soins puisés dans l'affection et la sollicitude de ceux qui l'entourent ; cette sorte de thérapeutique qui, d'ordinaire, pèche ici par excès, là plus souvent par défaut, est, disons-le à regret, la moins avancée de toutes et souvent la moins praticable dans notre société.

Vous trouverez peut-être, mon cher Nuñez, que dans ce travail trop long, je le crains, pour les proportions d'une simple lettre, trop court cependant pour un tel sujet et pour le développement que j'aurais voulu lui donner, j'ai fait une part excessive aux conseils hygiéniques et que, même à l'égard de plusieurs, je suis entré dans des détails trop minutieux. Et pourtant laissez-moi vous dire qu'ils sont, à mon sens, aussi nécessaires au moins que les conseils thérapeutiques proprement dits. Si le chiffre de la mortalité cholérique dépasse 50 pour 100 entre les mains des médecins allopathes quels que soient les traitements qu'ils emploient; si même entre nos mains ce chiffre n'est pas en moyenne inférieur à 20 ou 25 pour 100, croyez bien que la cause en est dans l'oubli de tant de précautions hygiéniques également indispensables et pour prévenir et pour guérir le choléra. Cet empoisonnement qui nous vient par l'air, par l'eau, par le contact ou le voisinage de corps infectés, comment pourrait-on le combattre avec un plein succès sans avoir préalablement tari ou détourné ou purifié plus ou moins les sources qui nous versent le poison?

Et d'ailleurs, est-ce bien au milieu de conditions nuisibles en elles-mêmes à la santé que l'organisme pourra trouver la force dont il a besoin pour lutter contre un agent si puissant de destruction? Ah! croyez-moi, vous dont la voix fait autorité et est entendue au loin, prêchez à tous l'impérieuse nécessité de tous les soins qui assainissent nos demeures et nos vêtements et notre nourriture et nos habitudes journalières, et que ce cruel fléau nous ait fourni du moins comme dédommagement l'occasion d'introduire dans les mœurs sociales de salutaires réformes.

J. PERRY.